まちごとアジア

Bangladesh 005 Puthia

プティア
小さな村と「おとぎ世界」

পুঠিয়া

Asia City Guide Production

【白地図】バングラデシュ

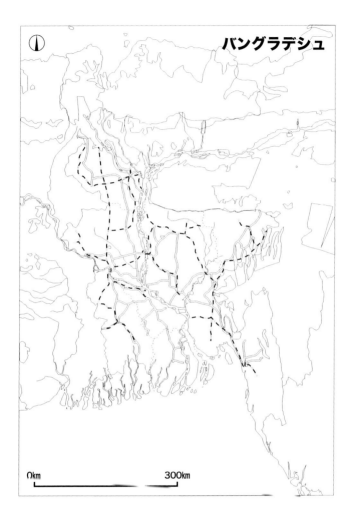
バングラデシュ 白地図

【白地図】バングラデシュ北西部

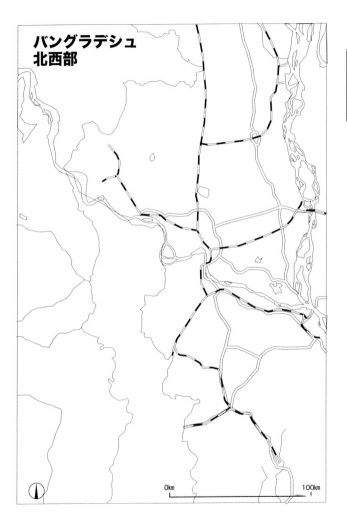

【白地図】ラジシャヒ〜プティア

ASIA
バングラ

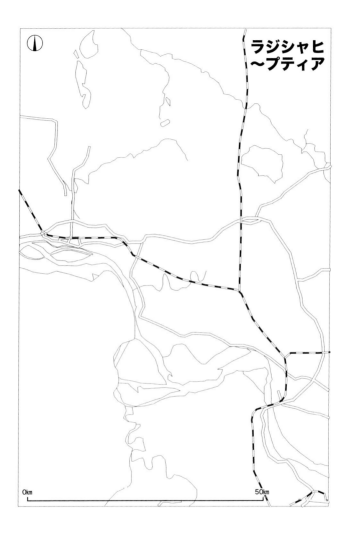

【白地図】プティア

ASIA
バングラ

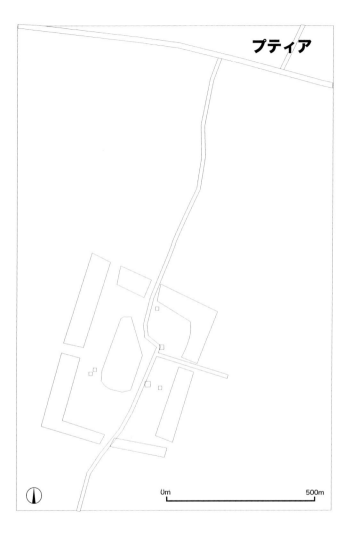

【白地図】ラジシャヒ

ASIA
バングラ

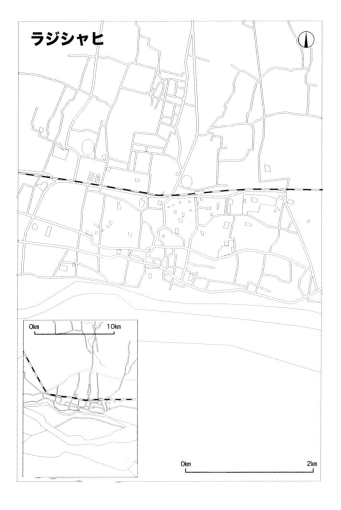

【白地図】ラジシャヒ中心部

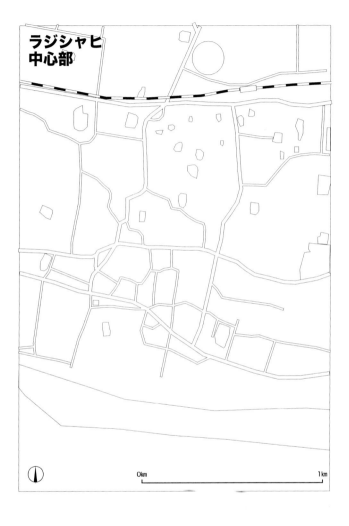

【まちごとアジア】

バングラデシュ 001 はじめてのバングラデシュ

バングラデシュ 002 ダッカ

バングラデシュ 003 バゲルハット（クルナ）

バングラデシュ 004 シュンドルボン

バングラデシュ 005 プティア

バングラデシュ 006 モハスタン（ボグラ）

バングラデシュ 007 パハルプール

ASIA
バングラ

　インド国境に近いラジシャヒの東23kmに位置する小さな村プティア。この村には19世紀にこの地方をおさめていた領主が建てた小さなヒンドゥー寺院群が残っている。それらは四隅がたれさがるアンブレラ（傘）屋根をもち、テラコッタ装飾がほどこされたベンガル地方独特の建築となっている。

　ベンガルでは13世紀以来、イスラム勢力の統治が続いていたが、16世紀にチャイタニヤが出てバクティ信仰を説き、ヒンドゥー教が再興するようになった。こうしたなか17～19

プティア
Puthia পুঠিয়া

世紀にかけてヴィシュヌプルやカールナ(インド西ベンガル州)などのベンガル各地で、その土地の領主によってテラコッタ寺院が建立された。

このようななかプティアの寺院群も、19世紀、イギリスに代わって徴税を行なっていた領主によって建てられることになった。印パ分離独立で国境線がひかれ、多くのヒンドゥー教徒がインド側へ移住したなか、プティアではバングラデシュでの貴重なヒンドゥー寺院が見られる。

【まちごとアジア】

バングラデシュ 005 プティア

目次

プティア	xiv
赤茶色の不思議な世界	xx
東群鑑賞案内	xxxi
西群鑑賞案内	xli
ラジシャヒ	xliv
ラジシャヒ城市案内	xlvi
ベンガルと世界のはざま	lix

【MEMO】

Puthia プティア

【地図】バングラデシュ

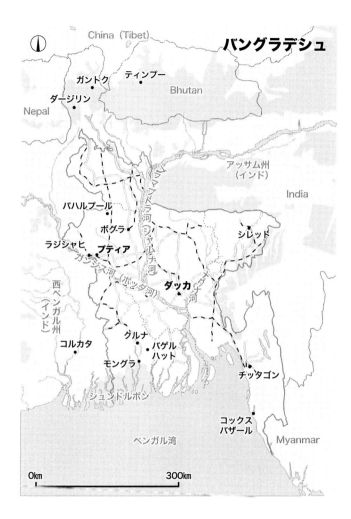

赤茶色の不思議な世界

ASIA
バングラ

こぶりのヒンドゥー寺院がならぶプティア
これらはベンガル地方独特の様式で建てられている
小さな村に広がるおとぎの世界

特徴あるベンガル建築

ベンガル地方では良質の石材に恵まれず、世界でも有数の多雨地帯であるところから、この地方独特の建築が見られるようになった（ガンジス河などの堆積物がつくった平野に位置するため、石がとれない）。一般的にインドでは石づくりで寺院が建てられるが、ベンガルでは土を原料にするレンガ建築が発展し、雨をすばやく落とすため屋根は湾曲して四隅が垂れさがっている。この様式は木造草葺きの民家から出てきたもので、窓、扉などには木材が使われていた。16世紀、ベンガルがムガル帝国の領土にくわえられると、アンブレラ

Puthia 赤茶色の不思議な世界

▲左 壁面にはくまなく彫刻がほどこされている。　▲右 雨の多いベンガル地方で育まれたアンブレラ屋根

屋根をもつ建築が北インドやラジャスタンにも伝わった。また日本でも使われている山小屋バンガローの語源は、イギリス人がベンガル地方の環境にあわせて建てた建物に由来する。

テラコッタによる装飾

一般的にベンガル地方の農家の家では竹で骨組みし、草で屋根がふかれてきたが、領主の邸宅や宗教寺院などはレンガで建てられることが多かった。石材に直接彫刻をほどこしたインド建築に対して、ベンガル地方ではテラコッタ（粘土に彫

ASIA
バングラ

刻して焼いたもの、素焼き）を壁面にはるといったことが行なわれていた。ベンガル地方では、古代から土偶などでテラコッタによる芸術が見られ、8〜10世紀のパハルプールなどの仏教寺院などをへて、伝統が受け継がれてきた。これらの装飾をになった大工カーストの人々は、仕事を求めて村から村へ渡り歩いたという。

▲左 ヒンドゥー神話が描かれている。　▲右 人々の生活の中心にある沐浴池

描かれた神々

プティアのテラコッタ寺院群の壁面には、ヒンドゥー教の神話が多く描かれている。なかでも代表的なものは古代インドの叙事詩『マハーバーラタ』と『ラーマヤナ』の場面が彫刻されたもので、親族と敵味方にわかれて戦うことになったアルジュナに「己の目の前のことに専念せよ」と説くクリシュナ神、ラーダーとたわむれるクリシュナ神など、ベンガル地方で信仰されているヴィシュヌ派に関係する装飾が多い（クリシュナ神がアルジュナに真理を説く聖典『バガヴァッド・ギーター』はインドでもっとも人気が高い）。

【MEMO】

【地図】バングラデシュ北西部

【地図】バングラデシュ北西部の [★★★]
☐ プティア Puthia

【地図】バングラデシュ北西部の [★★☆]
☐ ラジシャヒ Rajshahi
☐ ポッダ河 Podda River
☐ クシュンバ・マスジッド Kusumbha Masjid

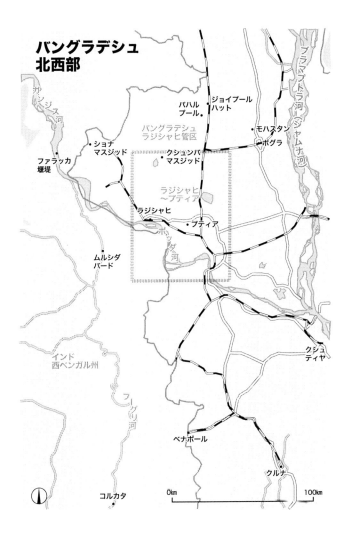

【地図】ラジシャヒ〜プティア

【地図】ラジシャヒ〜プティアの［★★★］
- [ ] プティア Puthia

【地図】ラジシャヒ〜プティアの［★★☆］
- [ ] ラジシャヒ Rajshahi
- [ ] ポッダ河 Podda River
- [ ] クシュンバ・マスジッド Kusumbha Masjid

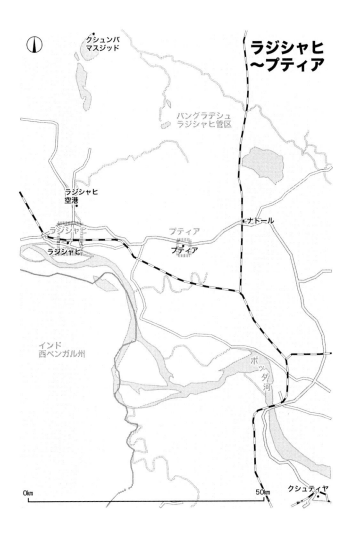

【MEMO】

Guide,
Puthia East Group
東群
鑑賞案内

ラジシャヒ東25kmに位置する小さな村プティア
ここには神々に捧げられたヒンドゥー寺院が残る
バングラデシュでも有数の保存状態で知られる

プティアの構成

池を中心に小さなヒンドゥー寺院がとり囲むプティアの村。この村の建造物は大きく東群と西群にわかれ、池の東側にラジバリ、バザールや広場や大ゴヴィンダ寺院、西側にアニク寺院などがならぶ。それらをさらにとり囲むように池が配されていて、沐浴する人々の姿が見られる。

シヴァ寺院 Shiva Mandir [★★☆]

プティア寺院群のなかで北側に位置するシヴァ寺院。他の寺院がレンガ製なのに対して、この寺院は北インドで一般的な

【地図】プティア

【地図】プティアの [★★★]
- [ ] 大ゴヴィンダ寺院 Govinda Mandir

【地図】プティアの [★★☆]
- [ ] シヴァ寺院 Shiva Mandir
- [ ] ラジパリ Puthia Palace
- [ ] アニク寺院 Annik Mandir
- [ ] 小ゴヴィンダ寺院 Govinda Mandir

【地図】プティアの [★☆☆]
- [ ] ドルマンチャ Dolmancha

ASIA
バングラ

▲左　ヒンドゥー教でもっとも人気の高いシヴァ神をまつるシヴァ寺院。
▲右　小さな村に不思議なかたちの寺院が点在する

石づくりとなっている。高い基壇のうえに本体が載り、屋根には5つの尖塔が立つパンチャ・ラトナ様式をしていて、内部にはシヴァ・リンガが安置されている（ヴィシュヌ派の寺院が多いなか、この寺院はシヴァ派のもの）。1823年に建てられた。

パンチャ・ラトナ様式

パンチャ・ラトナとは「5つの尖塔」を意味し、寺院の屋根に載る尖塔の数からその名前がとられた。グプタ朝時代（4〜6世紀）には寺院中央と四隅に尖塔を立てる様式が確認で

【MEMO】

ASIA
バングラ

きるが、ベンガル地方では尖塔同士の密度が高くなり、尖塔を頂上（中央と四隅の5つ）と二層目（四隅の4つ）に配置する九塔様式やさらに下の層にも尖塔を建てる十七塔様式なども見られる。

ドルマンチャ Dolmancha [★☆☆]
プティアの中心にそびえるピラミッド式の建物ドルマンチャ。四層からなり、各層とも四方に開放的な間口をもっている。19世紀、クリシュナ神に捧げるために建てられた。

▲左　プティア一帯をおさめていた領主の邸宅跡。　▲右　池のそばにそびえるドルマンチャ

ラジパリ Puthia Palace［★★☆］

19世紀のイギリス植民地時代、プティア一帯の徴税を行なっていた領主の館ラジパリ。プティアの寺院群はこの領主によるもので、神々に捧げる寺院を建てることで自身と一族の徳を積むねらいがあった。同様のことが17〜19世紀のベンガル地方で広く見られた。

▲左 5つの尖塔が屋根に載る大ゴヴィンダ寺院。　▲右　開口部の力強い柱

大ゴヴィンダ寺院 Govinda Mandir ［★★★］

プティアの寺院群のなかでも一際印象的な姿をもつ大ゴヴィンダ寺院。ゴヴィンダとはクリシュナ神の別名で、この神に捧げられている。二層からなる様式で、屋根には5つの尖塔（中心のものが大きい）が載る。壁面にはテラコッタ製の彫刻がほどこされ、クリシュナ神にまつわる神話などが彫られている。1895年に建てられた。

【MEMO】

Guide,
Puthia West Group
西群
鑑賞案内

池の西側にならぶ寺院群
寺院の規模は小さいがほどこされた彫刻など
ベンガル建築の魅力をあますところなく伝えている

アニク寺院 Annik Mandir［★★☆］

アンブレラ屋根が横に3つ連なるアニク寺院。屋根にあわせるように入口のアーチも曲線を描いている。壁面や柱には精緻な彫刻がほどこされている。

▲左 こぶりな小ゴヴィンダ寺院。　▲右 アンブレラ屋根をならべるアニク寺院

小ゴヴィンダ寺院 Govinda Mandir ［★★☆］

アニク寺院のそばに立つ小ゴヴィンダ寺院。東群の大ゴヴィンダ寺院と同じく、クリシュナ神がまつられているが、こちらの寺院はこぢんまりとしている。

【ラジシャヒ】

ポッダ河 Podda River
シャー・モクドゥム廟 Mausoleum of Shah Makhdum
バレンドラ博物館 Varendra Museum
クシュンバ・マスジッド Kusumbha Masjid

　バングラデシュ西部に位置するラジシャヒは、ダッカ、チッタゴン、クルナとともに四大都市のひとつを形成するこの国第4の都市。東ベンガルと西ベンガルを結ぶ地理をもつことから、ムガル帝国時代から栄え、河川交通の要衝となってきた。

　18世紀、ベンガル地方がイギリスの統治下に組み込まれると、この街に東インド会社の商館がおかれ、イギリスの北ベンガル支配の拠点となった。良質の絹を産することから「絹の街」と呼ばれ、マンゴーやライチなどのフルーツの味でも

Rajshahi
ラジシャヒ

知られる。

　近郊に観光地プティアを抱えるほか、インド国境へも近く、ガウルやパンドゥアといった中世以来、ベンガル地方の中心地だった街への拠点にもなる。また隣国インドから流れてきたガンジス河は、ポッダ河と名前を変えて、この街の南を流れ、河に沈む夕暮れはラジシャヒを代表する光景となっている。

ラジシャヒ城市案内

Guide, Rajshahi

ASIA / バングラ

バングラデシュ第4の都市ラジシャヒ
この国の北西部をしめる管区の中心都市であるほか
少し郊外へ足を伸ばせばベンガル地方の農村が広がる

ポッダ河 Podda River ［★★☆］

ポッダ河はヒマラヤからくだったガンジス河がバングラデシュ領内に入って名前を変えた河。ラジシャヒの南を流れ、河畔はこの街で暮らす人々の憩いの場となっている。ガンジス河はその流れを幾度も変えていて、インドのコルコタを流れるフーグリ河はかつてガンジス河の本流だった。

▲左　街なかの移動はリキシャが重宝する。　▲右　ラジシャヒはポッダ河（ガンジス河）に面した街

シャー・モクドゥム廟 Mausoleum of Shah Makhdum［★☆☆］

ラジシャヒでもっとも信仰を集めるイスラム聖者シャー・モクドゥムがまつられた聖廟。シャー・モクドゥムは中世、この地方にイスラム教を伝えた人物として知られ、河を経由しワニに乗ってやってきたと伝えられる（そのためポッダ河にのぞむように立ち、ワニを弟子にしていたという）。バングラデシュ南西部のバゲルハットでも、15世紀にイスラム教をもたらしたハーン・ジャハン・アリが聖者として信仰されていて、イスラム聖者への信仰はベンガル地方で見られる特徴のひとつだという。

【地図】ラジシャヒ

【地図】ラジシャヒの [★★☆]
- [ ] ポッダ河 Podda River

【地図】ラジシャヒの [★☆☆]
- [ ] シャー・モクドゥム廟 Mausoleum of Shah Makhdum
- [ ] バレンドラ博物館 Varendra Museum

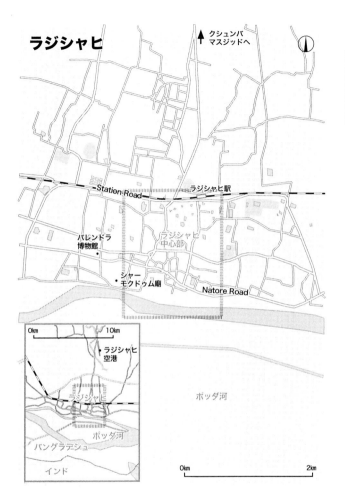

【地図】ラジシャヒ中心部

【地図】ラジシャヒ中心部の ［★★☆］
- [ ] ポッダ河 Podda River

【地図】ラジシャヒ中心部の ［★☆☆］
- [ ] シャー・モクドゥム廟 Mausoleum of Shah Makhdum

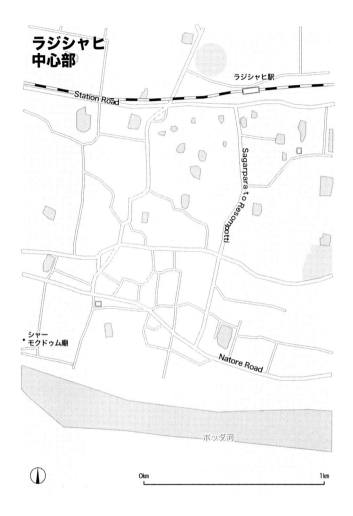

ASIA
バングラ

村から村へと渡り歩くバウル

ラジシャヒ管区から南のクルナ管区にまたがる地域はバウルと呼ばれるベンガル地方特有の吟遊詩人が多く活躍するところでもある。バウルの唄や踊りは古くからこの地方で伝えられてきたもので、ヒンドゥー、イスラム、仏教らの影響を受けながら育まれてきた。教団、経典、寺院などはもたず、一弦琴と太鼓を手に村から村へと渡り歩く。ベンガル地方の美しい自然、男女の愛、生と死などを唄い、自身の身体に宿る神との合一をはかろうとする。20世紀、ノーベル文学賞を受賞したタゴールに影響をあたえたことでも知られ、2005

▲左　ポッダ河（ガンジス河）はインドからバングラデシュへ流れる。　▲右　河による堆積で広い砂州が形成された

年、無形文化遺産にバウルが登録された。

パレンドラ博物館 Varendra Museum ［★☆☆］

イギリス植民地時代の1910年に開館した南アジアでも有数の伝統をもつパレンドラ博物館。モヘンジョ・ダロ（現パキスタン）の出土品の展示の豊富さなどで知られる。ほかにもパハルプールやモハスタンなどバングラデシュ北西部の遺跡からの出土品が見られる。

クシュンバ・マスジッド Kusumbha Masjid [★★☆]

ラジャシャヒの北50kmに位置するクシュンバ・マスジッド。1558年に黒い玄武岩で建てられたもので、同時代のガウル(インド側にあり、当時、この地方の中心だった)のイスラム建築と共通した様式となっている。このモスクをつくるための石材はインド側から運ばれたもので、一般にレンガでつくられるベンガル建築とは異なるたたずまいをしている。

ラジシャヒ城市案内

生死をわけるファラッカ堰堤

ヒマラヤからインド平原をへてベンガル湾にいたるガンジス河下流域（インド国境から上流に 18km）に、1970 年代に造営されたファラッカ堰堤（ダム）。バングラデシュから見て、ガンジス河の上流にあたるインドでは、この堰堤で乾季の灌漑用の水を確保し（自国内へ導く）、ガンジス河の支流フーグリ河に水を流すことでコルカタの河川交通をより容易にするねらいがあった。一方、国際河川の下流域にあたるバングラデシュではガンジス河の水量が減ると、乾季に水が足りず、くわえてベンガル湾から逆流する塩をふくんだ海水を押し戻

す作用が弱まるため、農業に甚大な被害をもたらすようになる。こうした事情から両国のあいだで話し合いがもたれ、水の流入量に関する協定が結ばれている。

【MEMO】

ASIA
バングラ

ベンガル と世界 のはざま

バングラデシュの西端に位置するプティアは
ベンガル（インド側をふくむ）のちょうど中心付近にあたる
ヒンドゥー教とイスラム教が交錯する

ベンガルの分割

インドとバングラデシュにまたがるベンガル地方は古くからひとつのまとまった地域だったところで、13世紀のイスラム勢力の侵入以来、イスラム教徒とヒンドゥー教徒が共存するようになり、近代以降、人口も拮抗していた。このベンガル地方にイギリスは拠点（コルカタ）をつくり、18世紀からインドは植民地化されるようになった。やがてイギリスへの反感が高まるなか、インド総督カーゾンは、1905年にイスラム教徒の多く住む東ベンガルとヒンドゥー教徒が多く住む西ベンガルのあいだに分割線をひいて、宗教を意識させる

ことで反イギリス運動へ一石を投じた。結局、この分割線はすぐに廃止されたが、1947年に印パが分離独立するにあたって、同じようにベンガルをわける国境線がひかれてしまった。このとき、多くのヒンドゥー教徒がインド側に移住したため、東ベンガルのヒンドゥー寺院の多くが荒れることになった。現在、バングラデシュ人口の10%程度がヒンドゥー教徒となっている。

ベンガル地方とヒンドゥー教

ガンジス河中流域から離れたベンガル地方は、長らく正統の

▲左 ヒンドゥー教では神さまをかたちにする。 ▲右 シヴァ・リンガは生命力の象徴

ヒンドゥー教徒から不浄の地と見られていた（バラモン文化をもたらしたアーリヤ人は西北インドから侵入したため）。この地方では中央インドとは異なる文化体系が発展したが、なかでも11~13世紀にベンガル地方を支配したセーナ朝時代にヒンドゥー教が保護され、中原のカナウジよりバラモンが多く呼ばれた。その後、ベンガルはイスラム教の支配を受けるが、16世紀にナディア（バングラデシュ）出身の聖者チャイタニヤのバクティ運動で多くのベンガル人（とくに下層とされた人々）がヴィシュヌ教徒となった。

ASIA
バングラ

ヴィシュヌ派の展開

13世紀以来、イスラム教におされていたヒンドゥーが再興するきっかけになったバクティ運動。16世紀にベンガル地方で生まれたチャイタニヤはクリシュナ神との合一を説き、とくに民衆に受け入れられて、ベンガルはヴィシュヌ派の拠点となった(ベンガル地方のヴィシュヌ派の歴史は4世紀にさかのぼるという)。ベンガル地方のヒンドゥー教徒、領主はチャイタニヤの説いたバクティに帰依する者が多く、領主はクリシュナ神に捧げる寺院を多く築いた。チャイタニヤの「神との合一する」という考えにはイスラム神秘主義(スー

フィズム）の影響があるとも言われる。

Puthia ベンガルと世界のはざま

参考文献

『ベンガル歴史風土記』(小西正捷 / 法政大学出版局)

『インド建築案内』(神谷武夫 /TOTO 出版)

『インド古寺案内』(神谷武夫 / 小学館)

『中世インド建築史紀行』(小寺武久 / 彰国社)

『インド・道の文化誌』(小西正捷・宮本久義 / 春秋社)

『宗教に抗する聖者』(外川昌彦 / 世界思想社)

『世界大百科事典』(平凡社)

まちごとパブリッシングの旅行ガイド
Machigoto INDIA , Machigoto ASIA , Machigoto CHINA

【北インド - まちごとインド】

001 はじめての北インド
002 はじめてのデリー
003 オールド・デリー
004 ニュー・デリー
005 南デリー
012 アーグラ
013 ファテープル・シークリー
014 バラナシ
015 サールナート
022 カージュラホ
032 アムリトサル

【西インド - まちごとインド】

001 はじめてのラジャスタン
002 ジャイプル
003 ジョードプル
004 ジャイサルメール
005 ウダイプル
006 アジメール（プシュカル）
007 ビカネール
008 シェカワティ
011 はじめてのマハラシュトラ
012 ムンバイ
013 プネー
014 アウランガバード
015 エローラ
016 アジャンタ
021 はじめてのグジャラート
022 アーメダバード
023 ヴァドダラー（チャンパネール）
024 ブジ（カッチ地方）

【東インド - まちごとインド】

002 コルカタ
012 ブッダガヤ

【南インド - まちごとインド】

001 はじめてのタミルナードゥ
002 チェンナイ
003 カーンチプラム
004 マハーバリプラム
005 タンジャヴール
006 クンバコナムとカーヴェリー・デルタ
007 ティルチラパッリ
008 マドゥライ
009 ラーメシュワラム
010 カニャークマリ
021 はじめてのケララ
022 ティルヴァナンタプラム
023 バックウォーター（コッラム〜アラップーザ）
024 コーチ（コーチン）
025 トリシュール

【ネパール - まちごとアジア】

001 はじめてのカトマンズ
002 カトマンズ
003 スワヤンブナート

004 パタン
005 バクタプル
006 ポカラ
007 ルンビニ
008 チトワン国立公園

【バングラデシュ - まちごとアジア】

001 はじめてのバングラデシュ
002 ダッカ
003 バゲルハット（クルナ）
004 シュンドルボン
005 プティア
006 モハスタン（ボグラ）
007 パハルプール

【パキスタン - まちごとアジア】

002 フンザ
003 ギルギット（KKH）
004 ラホール
005 ハラッパ
006 ムルタン

【イラン - まちごとアジア】

001 はじめてのイラン
002 テヘラン
003 イスファハン
004 シーラーズ
005 ペルセポリス
006 パサルガダエ（ナグシェ・ロスタム）
007 ヤズド
008 チョガ・ザンビル（アフヴァーズ）
009 タブリーズ

010 アルダビール

【北京 - まちごとチャイナ】

001 はじめての北京
002 故宮（天安門広場）
003 胡同と旧皇城
004 天壇と旧崇文区
005 瑠璃廠と旧宣武区
006 王府井と市街東部
007 北京動物園と市街西部
008 頤和園と西山
009 盧溝橋と周口店
010 万里の長城と明十三陵

【天津 - まちごとチャイナ】

001 はじめての天津
002 天津市街
003 浜海新区と市街南部
004 薊県と清東陵

【上海 - まちごとチャイナ】

001 はじめての上海
002 浦東新区
003 外灘と南京東路
004 淮海路と市街西部
005 虹口と市街北部
006 上海郊外（龍華・七宝・松江・嘉定）
007 水郷地帯（朱家角・周荘・同里・甪直）

【河北省 - まちごとチャイナ】

001 はじめての河北省
002 石家荘
003 秦皇島
004 承徳
005 張家口
006 保定
007 邯鄲

【江蘇省 - まちごとチャイナ】

001 はじめての江蘇省
002 はじめての蘇州
003 蘇州旧城
004 蘇州郊外と開発区
005 無錫
006 揚州
007 鎮江
008 はじめての南京
009 南京旧城
010 南京紫金山と下関
011 雨花台と南京郊外・開発区
012 徐州

【浙江省 - まちごとチャイナ】

001 はじめての浙江省
002 はじめての杭州
003 西湖と山林杭州
004 杭州旧城と開発区
005 紹興
006 はじめての寧波
007 寧波旧城
008 寧波郊外と開発区
009 普陀山
010 天台山
011 温州

【福建省 - まちごとチャイナ】

001 はじめての福建省
002 はじめての福州
003 福州旧城
004 福州郊外と開発区
005 武夷山
006 泉州
007 厦門
008 客家土楼

【広東省 - まちごとチャイナ】

001 はじめての広東省
002 はじめての広州
003 広州古城
004 天河と広州郊外
005 深圳（深セン）
006 東莞
007 開平（江門）
008 韶関
009 はじめての潮汕
010 潮州
011 汕頭

【遼寧省 - まちごとチャイナ】

001 はじめての遼寧省
002 はじめての大連
003 大連市街
004 旅順
005 金州新区

006 はじめての瀋陽
007 瀋陽故宮と旧市街
008 瀋陽駅と市街地
009 北陵と瀋陽郊外
010 撫順

【重慶 - まちごとチャイナ】

001 はじめての重慶
002 重慶市街
003 三峡下り（重慶〜宜昌）
004 大足

【香港 - まちごとチャイナ】

001 はじめての香港
002 中環と香港島北岸
003 上環と香港島南岸
004 尖沙咀と九龍市街
005 九龍城と九龍郊外
006 新界
007 ランタオ島と島嶼部

【マカオ - まちごとチャイナ】

001 はじめてのマカオ
002 セナド広場とマカオ中心部
003 媽閣廟とマカオ半島南部
004 東望洋山とマカオ半島北部
005 新口岸とタイパ・コロアン

【Juo-Mujin（電子書籍のみ）】

Juo-Mujin 香港縦横無尽
Juo-Mujin 北京縦横無尽
Juo-Mujin 上海縦横無尽

【自力旅游中国 Tabisuru CHINA】

001 バスに揺られて「自力で長城」
002 バスに揺られて「自力で石家荘」
003 バスに揺られて「自力で承徳」
004 船に揺られて「自力で普陀山」
005 バスに揺られて「自力で天台山」
006 バスに揺られて「自力で秦皇島」
007 バスに揺られて「自力で張家口」
008 バスに揺られて「自力で邯鄲」
009 バスに揺られて「自力で保定」
010 バスに揺られて「自力で清東陵」
011 バスに揺られて「自力で潮州」
012 バスに揺られて「自力で汕頭」
013 バスに揺られて「自力で温州」

【車輪はつばさ】
南インドのアイラヴァテシュワラ寺院には建築本体に車輪がついていて寺院に乗った神さまが人びとの想いを運ぶと言います。

- 本書はオンデマンド印刷で作成されています。
- 本書の内容に関するご意見、お問い合わせは、発行元のまちごとパブリッシング info@machigotopub.com までお願いします。

まちごとアジア
バングラデシュ005プティア
～小さな村と「おとぎ世界」[モノクロノートブック版]

2017年11月14日　発行

著　者	「アジア城市（まち）案内」制作委員会
発行者	赤松　耕次
発行所	まちごとパブリッシング株式会社 〒181-0013　東京都三鷹市下連雀4-4-36 URL http://www.machigotopub.com/
発売元	株式会社デジタルパブリッシングサービス 〒162-0812　東京都新宿区西五軒町11-13 清水ビル3F
印刷・製本	株式会社デジタルパブリッシングサービス URL http://www.d-pub.co.jp/

MP069

ISBN978-4-86143-203-3　C0326　　　　Printed in Japan
本書の無断複製複写（コピー）は、著作権法上での例外を除き、禁じられています。